Crescendo Zen

Livro de atividades de meditação
– Volume 2 –
Crianças acima de 8 anos e adultos

Rachel Melo
教 法

COORDENAÇÃO EDITORIAL: Vítor Barreto
PROJETO GRÁFICO: Jailma Karenine
ILUSTRAÇÕES: Miguel Bonomo
COLABORARAM NESTA EDIÇÃO: Monge Bruno Shōei, Monge Shutetsu Takakura, Monge Berti Ekō, Monge Eduardo Chōshin.

Dados Internacionais de Catalogação na Publicação (CIP)

M528c Melo, Rachel.
Crescendo Zen : livro de atividades de meditação : crianças acima de 8 anos e adultos / Rachel Melo. – Teresópolis, RJ : Lúcida Letra, 2022.
48 p. : il. ; 21 cm.

ISBN 978-65-86133-54-7

1. Meditação para crianças. 2. Crianças - Desenvolvimento. 3. Atenção plena (Psicologia) - Crianças. I. Título

CDU 159.922.7

Índice para catálogo sistemático:
1. Meditação para crianças   159.922.7
(Bibliotecária responsável: Sabrina Leal Araujo – CRB 8/10213)

Este livro é dedicado a todos
os grandes Mestres que até hoje
passaram pela minha caminhada,
em especial, os meus alunos e alunas.

Vem, vamos além!

Prefácio

『3000年前より生活は便利になったが、3000年前より人は幸福になっただろうか』

この一文に似た言葉はよく目にするものだと思いますが、果たしてどれほどの人が自分の問題として聞いたでしょうか？

わからないことがあればパソコンやスマートフォンからインターネットで簡単に検索ができ、必要な情報に簡単にアクセスができるようになりました。

しかし、"検索をする人"の情報は果たして十分なのでしょうか？

"私"とはなんでしょうか。

"私"がわからなくては、その私の幸福が何か、当然わかるはずもありません。

この文章は、誰もが多くの問題や困難を抱えている非常に困難な時期の真っ只中に書かれました。 未知の世界に直面して、「わからないこと」がとても不安になることを多くの人が実感していると思います。

未知でわからないことに人は不安を抱くのに、その未知でわからないものの中に、"私"も含まれていて良いのでしょうか？

伝統的な瞑想の実践はアジアにルーツがあり、座禅はこれらの問題への可能なアプローチです。

筆者が日本の禅寺で過ごした時間は、多くの人にとって有益となる情報をもたらしました。国も、場所も、瞑想や坐禅をする環境も、誰1人として同じことはありません。誰かの瞑想や坐禅の体験談は誰かの情報であって、自分の情報ではありません。

筆者の案内のもと、1人でも多くの方がこの本を手に取り、ご自身で瞑想や坐禅を行い、心安らかにお過ごしいただく一助となることを、心より願っております。

曹洞宗　茨城県
天徳寺　副住職
Shutetsu Takakura
高倉　秀哲

"A vida, agora, se tornou mais conveniente do que 3.000 anos atrás, mas as pessoas estão mais felizes do que há 3.000 anos?"

Acho que vocês costumam observar palavras semelhantes a essas frases, mas quantas pessoas já ouviram falar que esse problema advém delas próprias?

Se vocês tiverem alguma dúvida, podem pesquisar facilmente na internet a partir de seu computador ou smartphone e acessar as informações de que precisam. Mas as informações do "pesquisador" são realmente suficientes?

O que é este "eu"?

Sem conhecer o "eu", não podemos saber o que é "minha felicidade".

Este texto foi escrito em meio a um momento muito difícil, em que todos temos muitos problemas e dificuldades. Diante do desconhecido, acho que muitas pessoas perceberam que "o que eu não entendo" as levou a ficarem muito ansiosas.

As pessoas estão preocupadas com o que elas conhecem e o que é desconhecido, mas é correto incluir o "eu" no conhecido e no desconhecido?

A prática da meditação tradicional tem suas raízes na Ásia e o Zazen é uma possível abordagem para essas questões.

O tempo que a autora treinou em templos e mosteiros Zen, no Japão, forneceu informações úteis para muitos.

Independentemente de país, lugar e ambiente para meditação e Zazen, todos podem vivenciar essa mesma prática. As experiências de meditação ou Zazen de uma pessoa são percepções deste "eu", sendo distintas de percepções individualistas.

Sob a orientação da autora, espero sinceramente que o maior número possível de pessoas tenha acesso a este livro e pratique meditação e Zazen por conta própria, a fim de que essas práticas possam ajudar a todos a se sentirem à vontade e perceberem este "eu".

Soto Shu, Prefeitura de Ibaraki
Vice-Sacerdote Chefe de Tentokuji
Shutetsu Takakura

Sumário

Prefácio — 5

O que é Crescer Zen? — 9

Introdução — 10

Atividades

1. **Plena Atenção à Respiração** — 12
   Aprendendo a Meditar – Postura e Respiração

2. **Plena Atenção Interior** — 14
   Como Funciona a Minha Mente?

3. **Plena Atenção Auditiva** — 16
   Escutando Sons e Sinos

4. **Plena Atenção com Foco** — 18
   Contando Minha Respiração

5. **Plena Atenção em Movimento** — 20
   Caminhando em Silêncio

6. **Plena Atenção às Emoções** — 22
   Reconhecendo Meus Pensamentos

7. **Plena Atenção Corporal** — 24
   Scanner Corporal da Gratidão

8. **Plena Atenção Sistêmica** — 26
   Minha Mente, Meu Coração, Minhas Ações

9. **Plena Atenção à Respiração** 28
   Soprando a Tristeza pra Lá!

10. **Plena Atenção Interior** 30
    Escutando Meu Coração

11. **Plena Atenção Auditiva** 32
    Observando os Sons da Natureza

12. **Plena Atenção com Foco** 34
    Técnicas Vibracionais

13. **Plena Atenção em Movimento** 36
    Ioga Silenciosa

14. **Plena Atenção às Emoções** 38
    Enxergando Nossas Emoções

15. **Plena Atenção Corporal** 40
    Meditando em Sincronicidade

16. **Plena Atenção Sistêmica** 42
    Enviando Amor e Bondade

As incomensuráveis 44

O que é Crescer Zen?

Crescer Zen é crescer com a mente

Amorosa

Brincalhona

Aberta a novas possibilidades

Que conhece e reconhece a si mesma

Mente que aprende a silenciar

A acalmar

A tranquilizar

A respeitar

A lidar com desafios de forma natural

Mente em plena atenção

Que aprende a desenvolver inteligência emocional

Que sofre menos e gera menos sofrimento

Mente em comunhão com a natureza

Com os animais

Com todas as coisas

Mente que cresce lúcida

Lúdica

Capaz de fazer boas escolhas

Mente em constante treinamento

Mente de principiante

"Que crescerá aprendendo a permanecer feliz, com a semente nata e intacta de amor que existe no coração de todas as pessoas!"

Introdução

Após aproximadamente dois anos que a primeira fase do Projeto Crescendo Zen – para crianças de 2 a 7 anos – estava sendo aplicada diariamente nas salas de aula, as escolas começaram a me questionar: "E agora? Que atividades devem dar continuidade às anteriores para as turmas acima de 8 anos? As crianças estão crescendo!" E esse foi um dos motivos do meu retorno ao Japão durante o primeiro semestre de 2019: o desenvolvimento da segunda fase do Projeto, com atividades que abrangessem essa faixa etária.

Por meio de um estudo aprofundado do próprio Zen e da atuação de alguns autores e praticantes que já trabalhavam meditação para crianças acima de 8 anos e adultos, bem como visitas em escolas japonesas e acompanhamento das atividades de meu Mestre Yashiki Chijyō Rōshi, no Templo de Yōkōji, com crianças das escolas públicas da região de Ishikawa, é que consegui, com sua ajuda, amor e apoio, estruturar as atividades deste livro dentro da metodologia proposta pelo Projeto, que foca em oito atenções específicas.

Na prática, eu já observava um certo "desconforto" das crianças acima de 8 anos com as atividades que são objeto do primeiro livro. Com razão! As atividades e a linguagem do volume 1 são bem infantis e densas, voltadas exatamente para a faixa etária mais nova. Aos 8 anos, durante as aulas, observei que, nos planos sensível e sutil, acontecia um "pulo": em algumas crianças, maior; em outras, menor. A "barriga de panda" anteriormente amada, agora era "coisa de criança", e uma nova abordagem era mesmo necessária, com um cuidado mais específico em concentração, foco, silenciamento e capacidade de um olhar profundo para si mesmo e, consequentemente, para o outro.

Para este segundo volume trago 16 atividades principais, que, em sua raiz, são atividades para adultos trabalhadas em diversas vertentes –

indiana, tibetana e Zen, trazidas para uma linguagem que abranja todas as faixas etárias acima de 8 anos – inclusive os adultos! O que muda no dia a dia conforme a idade? A forma de abordagem dentro das salas de aula e o tempo de meditação.

As Oito Atenções, metodologia de trabalho do primeiro volume, continuam neste volume com algumas pequenas alterações técnicas. Nas atividades deste livro, trabalharemos Plena Atenção à Respiração, Plena Atenção Interior, Plena Atenção Auditiva, Plena Atenção com Foco, Plena Atenção em Movimento, Plena Atenção às Emoções, Plena Atenção Corporal e Plena Atenção Sistêmica.

Desde 2020, a segunda fase do projeto já é uma realidade nas escolas, sendo inserida de forma abrangente e sistêmica, com treinamento dos professores para aplicação das atividades diariamente em sala de aula, num planejamento anual e contínuo, beneficiando anualmente centenas de adultos, crianças e famílias.

Recebam este livro com o coração e mente abertos para um mundo de incontáveis novas possibilidades.

Continuo minha caminhada acreditando, com o coração sincero, que mentes bem orientadas em sua base podem, efetivamente, mudar outras mentes e, assim, podemos ajudar o mundo, passo a passo, construindo sujeitos compassivos e transformadores de sociedades.

Rachel Melo
教 法

Plena Atenção à Respiração
Aprendendo a meditar – Postura e respiração

Atividade:

Antes de iniciarmos o exercício, conversamos com as crianças sobre o que é a meditação, sobre o que elas entendem ser a meditação e deixamos que elas se expressem.

Se sentados em cadeiras, pedimos que coloquem seus dois pés apoiados no chão, mantenham as costas retas, a cabeça acompanhando a coluna, as mãos apoiadas nas coxas e os olhos inicialmente fechados, em silêncio.

Se sentados no chão, ensinamos a posição com as pernas cruzadas, costas retas, cabeça acompanhando a coluna, mãos apoiadas nas coxas ou joelhos e olhos inicialmente fechados, também em silêncio. Em seguida, pedimos para que elas façam três respirações profundas bem lentamente, inspirando pelo nariz e expirando pela boca, a fim de abaixar a frequência cerebral e os batimentos cardíacos.

Depois, passamos ao comando para que elas apenas relaxem, respirando natural e tranquilamente apenas pelo nariz, fazendo com que o ar vá até a região do umbigo, (baixo ventre), sem esforço, apenas sentindo o subir e descer da barriga. Toda a atenção neste momento está na respiração.

Mantemos esses comandos com tranquilidade e lentamente, permanecendo nessa posição por cerca de 3 a 5 minutos. Após essa primeira etapa, a orientação é conversar com as crianças sobre como elas se sentiram fazendo meditação e o que elas conseguiram perceber nesses primeiros minutos de respiração consciente. Repetir o exercício por mais 3 ou 5 minutos, corrigindo a postura das crianças. Pode-se usar uma música tranquila para a atividade.

Essa atividade será a base para todas as demais e pode ser repetida todos os dias, de preferência no início da manhã ou antes de dormir. Semana a semana, pode-se aumentar um minuto, até chegar à quantidade média de minutos que correspondam à idade das crianças.

Foco Trabalhado: Plena Atenção à Respiração
Outras Percepções: Plena atenção estática; aprendizado e conceitos do que é a meditação; concentração; respiração consciente e presença no aqui e agora.

Plena Atenção Interior
Como funciona a minha mente?

Atividade:

Esta atividade é um grande experimento! Numa garrafinha pet, colocaremos água e brocal colorido.

Num bate-papo com as crianças, perguntamos se elas sabem o que é a "mente" e deixamos que elas se manifestem sobre o que entendem ser a mente. Em seguida, fazemos uma breve explanação de como funciona a nossa mente de forma associativa – quando a mente está agitada, equivale a quando balançamos a garrafa, nossos pensamentos e emoções ficam como os brocais que sobem e descem agitados, desgovernados; mas, quando respiramos profundamente em silêncio fazendo meditação, nossos pensamentos e emoções começam a se assentar no fundo da garrafa, lentamente, nos trazendo para um estado de paz e equilíbrio. A garrafa será o nosso "potinho da calma". Ele poderá ser usado sempre que acharmos que precisamos nos tranquilizar.

Começando o exercício, damos um comando para que a criança agite bem a garrafinha, a fim de ver os brocais na água se misturarem, subindo e descendo. Noutro comando, colocamos a garrafinha na mesa ou no chão à nossa frente e passamos a apenas observar o brocal se depositar no fundo das garrafas, orientando a criança a permanecer em silêncio, percebendo sua mente se acalmando nesse momento, ao ver as purpurinas descerem lentamente e assentarem no fundo, uma a uma. Assim acontece com a nossa mente quando fazemos meditação: nossos pensamentos, emoções e ações se tornam calmos e tranquilos quando nos concentramos respirando. Podemos repetir o experimento por mais 2 ou 3 vezes juntos, cada um observando suas "mentes" assentarem no seu tempo, em silêncio.

Ao fim do experimento, podemos simplesmente fazer alguns minutos de respiração silenciosa de olhos fechados, pedindo à criança que observe como estão as "bolinhas" de suas emoções e pensamentos no momento presente.

Foco Trabalhado: Plena Atenção Interior
Outras Percepções: Associação cognitiva; observação e paciência.
Materiais necessários: Garrafinhas pet com tampa, água e brocal colorido. A atividade também pode ser feita num pote aberto com água, onde se mistura, com uma colher, bolinhas em gel para plantas.

Plena Atenção Auditiva
Escutando sons e sinos

Atividade:

Sentados na postura de meditação, damos uma instrução às crianças para que fechem seus olhos. Dirigimos a fala, para que elas prestem atenção a todos os sons que surgirem e estiverem ao redor naquele momento. Todos os sons são importantes – vento, chuva, carros, crianças, construções etc. Durante 2 minutos permanecemos assim, sendo que a partir do 2º minuto cessamos as instruções e deixamos apenas que o silêncio permaneça.

Em seguida, mantemos o comando para que os olhos permaneçam fechados, e pedimos às crianças que prestem atenção ao som dos sinos que iremos tocar, pois eles terão sonoridades diferentes.

Se tivermos mais de um sino, pediremos que contem quantas vezes cada sino irá tocar, na forma de uma "brincadeira", que desvendaremos no fim. Fazer sequências simples, de poucas batidas, com intervalos diferentes entre as batidas e os sinos, de forma que seja trabalhado nas crianças paciência, atenção, capacidade de plena atenção auditiva e concentração.

Duas ou três sequências podem ser feitas, ajudando as crianças a ficarem em silêncio e concentradas por cerca de 10 minutos no total.

Ao fim, podemos pedir que as crianças desenhem os sons que escutaram e escrevam sobre a quantidade de batidas de cada sino e suas diferenças.

Foco Trabalhado: Plena Atenção Auditiva
Outras Percepções: Capacidade de silêncio coletivo e respeito; consciência auditiva; concentração; treino de escuta fina.
Materiais Necessários: Sinos com sons diferentes.

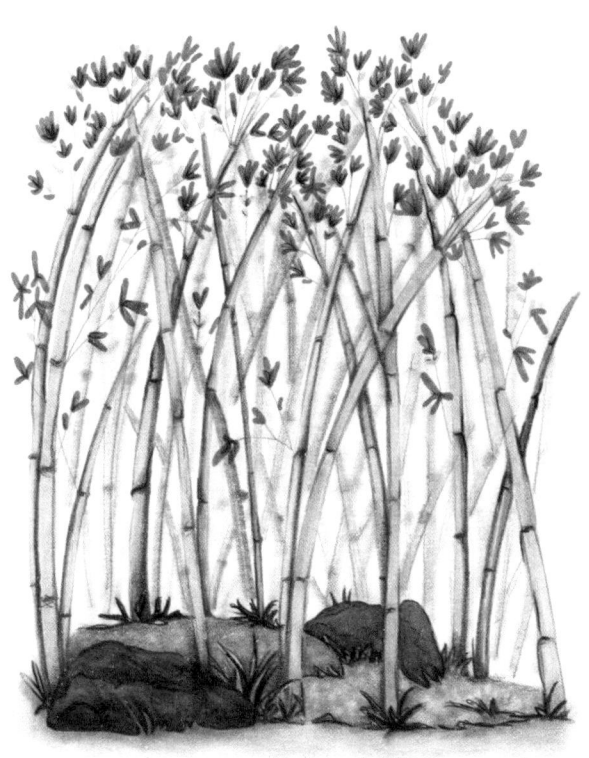

Plena Atenção com foco
Contando minha respiração

Atividade:

Sentados na posição de meditação, pedimos às crianças para colocarem suas mãos na região do umbigo (baixo ventre), com o intuito de sentirem a respiração e o movimento do abdômen subindo e descendo. Permanecemos assim por cerca de 1 minuto.

Em seguida, pedimos que as crianças prestem atenção ao ar entrando e saindo das narinas, numa pequena meditação guiada. Elas devem observar se o ar entra devagar ou rápido, se é quente ou frio, e até onde ele consegue chegar.

Passados os minutos iniciais, começaremos a contar as nossas respirações completas (o condutor conta em voz alta, direcionando a velocidade das respirações) – 1 para cada inspiração e expiração completas, até 6. Após o exercício de contagem em voz alta pelo condutor por cerca de 3 minutos, damos a instrução para que as crianças, em silêncio, continuem contando as respirações sozinhas, no seu tempo, observando o movimento do seu corpo – se as respirações estão rápidas, lentas, ofegantes, tranquilas e que observem também a sua modificação. Caso se percam na contagem, devem recomeçar do 1 novamente. Com esse exercício, estamos tentando criar espaços mentais para a capacidade de concentração.

Deixamos que fiquem assim por mais algum tempo, desde que não seja desconfortável para as crianças, e, no último minuto, dizemos para apenas ficarem em silêncio, sem contar, de olhos fechados, sentindo o efeito da prática, repousando suas mentes nessa sensação.

Essa atividade pode ser feita de frente para a parede, com o intuito de diminuir distrações, caso a criança já esteja confortável com as práticas diárias de meditação.

Foco Trabalhado: Plena Atenção com Foco
Outras Percepções: Capacidade de observar-se; concentração.

Esta atividade tem referência no livro O Pequeno Buda, de Tomás de Mello Breyner
(Ed. Penguin Random House: Lisboa, 2016)

Plena Atenção em Movimento
Caminhando em silêncio

Atividade:

Iniciaremos a atividade em fila, ou fazendo uma grande roda. Em silêncio, faremos juntos 3 respirações guiadas profundas e conscientes, de mãos dadas.

Se num ambiente fechado e em roda, conduziremos as crianças no sentido horário, e ensinaremos a meditação caminhando que se chama "kinhin" – meio passinho de cada vez. A cada inspiração damos meio passinho, equilibrando o corpo reto, firme e concentrado. Ao expirar, mais meio passinho.

Os dedos das mãos ficam entrelaçados à frente, junto ao corpo e na altura do peito, mantendo uma postura de equilíbrio, ajudando no foco de concentração em pé e no trânsito de ventos. Coluna reta, cabeça também, os olhos leves, olhando para o chão. Todos esses comandos são dados pelo condutor da atividade.

Faremos essa caminhada silenciosa em círculo por cerca de 5 minutos, caso estejamos dentro de um ambiente fechado. Depois, podemos nos sentar onde estivermos, e fazer mais alguns minutos de meditação sentada, em silêncio, sentindo a diferença entre a meditação em movimento e a parada.

Se necessário, a postura da criança pode ser corrigida, em silêncio.

Esta atividade pode ser feita ao ar livre, caminhando com plena atenção em um parque, campo, bosque ou floresta!

Foco Trabalhado: Plena Atenção em Movimento
Outras Percepções: Ansiedade; paciência; equilíbrio.

Plena Atenção às Emoções
Reconhecendo meus pensamentos

Atividade:

Esta é uma meditação guiada.

Iniciaremos a atividade na posição de meditação, fazendo três respirações profundas, com os olhos fechados a fim de tranquilizar a mente antes de iniciarmos o processo de observação. Após as três respirações iniciais, pedimos para que as crianças, ainda com os olhos fechados e levando o ar até o baixo ventre, comecem a observar seus pensamentos.

Podemos guiá-las pausadamente, de forma bem tranquila, instruindo que elas devem permanecer em silêncio, de olhos fechados, tentando se concentrar no exercício. As seguintes perguntas podem ser feitas:

Como estão meus pensamentos?
Consigo reconhecê-los?
Como são esses pensamentos?
São muitos ou poucos?
Agitados ou tranquilos?
Felizes ou tristes?
Consigo não pensar em nada e apenas me tranquilizar?
Quando respiro, sinto que os pensamentos se tranquilizam?

Consigo manter minha mente atenta apenas à respiração?
Como estão minhas emoções?
O que estou sentindo neste momento?

Fazemos esse exercício guiado por cerca de 5 minutos e, ao fim, deixamos as crianças por mais aproximadamente 2 minutos em silêncio, dando a instrução para que, daquele momento em diante, elas devem apenas respirar tranquilamente.

Ao fim, um bate-papo que comece a inserir o conceito de impermanência pode ser feito.

Foco Trabalhado: Plena Atenção às Emoções
Outras Percepções: Plena atenção à mente no momento presente; capacidade de percepção; interiorização; reconhecimento e autoconhecimento.

Plena Atenção Corporal
Scanner corporal da gratidão

Atividade:

Esta é uma atividade de meditação guiada.

Na posição de meditação deitada, barriga para cima, pernas estendidas e braços também estendidos ao lado do corpo, com os olhos fechados, vamos instruir as crianças a observarem todo o seu corpo. Começaremos pelos pés, recitando mentalmente as gratidões por cada centímetro do nosso corpo. Instruiremos as crianças a manterem os olhos fechados, tentando se concentrar nos comandos, até que todo o corpo tenha sido escaneado. Guie as crianças minuto a minuto, de forma a irem percebendo as sensações das partes físicas dos seus corpos.

Gratidão aos meus pés, que me aguentam o dia inteiro e me levam aos lugares onde quero estar;
Gratidão às minhas pernas, que suportam o meu corpo e que me permitem brincar e correr;
Gratidão aos meus órgãos internos, que me dão a energia vital de que preciso para viver alegremente;
Gratidão aos meus braços, que me permitem abraçar todos os seres;
Gratidão às minhas mãos, que me permitem tocar objetos e pessoas com carinho;

Gratidão à minha boca e à minha língua, que me permitem comunicar com palavras bondosas e comer coisas gostosas e saudáveis;
Gratidão ao meu nariz, que me permite respirar livremente;
Gratidão aos meus olhos, que me permitem ver as belezas do mundo;
Gratidão à minha mente, que pode ser treinada para enxergar que cada momento é novo e cheio de infinitas possibilidades!

Ao fim do escaneamento completo, a fala é pausada e deixamos as crianças por alguns minutos em silêncio, sem foco em sensação alguma, apenas repousando nas sensações que observaram.

O escaneamento completo pode durar entre 10 e 20 minutos, com uma música tranquila ao fundo.

Foco Trabalhado: Plena Atenção Corporal
Outras Percepções: Sensações físicas; concentração; capacidade de percepção sensorial; gratidão.

Plena Atenção Sistêmica
Minha mente, meu coração, minhas ações

Atividade:

Sentados na posição de meditação, faremos três respirações profundas e pausadas, e tentaremos estendê-las por um minuto ou mais.

Daremos a instrução de colocarmos as mãos no nosso coração, para tentarmos nos concentrar nos nossos batimentos cardíacos. Um comando de que o tempo começará a ser contado será dado, e tentaremos contar os batimentos por 1 minuto, inicialmente. Depois, focaremos nos nossos pensamentos, colocando a atenção e guardando apenas os pensamentos bons que aparecerem naquele momento, ainda com as mãos no coração. Os olhos devem permanecer fechados.

Repetimos essa sequência por três vezes, até que todos consigam se escutar e manifestar verbalmente os sentimentos bons observados. Se algum pensamento "ruim" aparecer, deixe passar, e volte a atenção para a respiração.

Conversaremos com as crianças sobre o motivo pelo qual devemos manter o foco sempre nos nossos pensamentos bons, para que eles alimentem uma mente saudável, um coração bondoso e, consequentemente, as nossas falas e as nossas ações no mundo.

A história dos macaquinhos de Nikko pode ser contada - aqueles que nos ensinaram a "não ver coisas ruins, não ouvir coisas ruins e não falar coisas ruins". Repetimos essa sequência em voz alta juntos e as crianças podem acrescentar outros sentimentos. (Esta atividade completa está no livro Crescendo Zen, volume 1).

Foco Trabalhado: Plena Atenção Sistêmica
Outras Percepções: Percepções sensoriais; introdução às noções de compassividade; noções de causa e consequência; autorreconhecimento; vigilância.

Plena Atenção à Respiração
Soprando a tristeza pra lá!

Atividade:

Se sentados em cadeiras, pedimos que as crianças coloquem seus dois pés apoiados no chão, mantenham as costas retas, a cabeça acompanhando a coluna, as mãos apoiadas nas coxas e os olhos inicialmente fechados, em silêncio.

Se sentados no chão, a posição será com as pernas cruzadas à frente do corpo, costas retas, cabeça acompanhando a coluna, mãos apoiadas nas coxas ou joelhos e olhos inicialmente fechados, também em silêncio. Em seguida, pedimos para que elas façam três respirações profundas bem lentamente, inspirando pelo nariz e expirando pela boca, a fim de abaixar a frequência cerebral e os batimentos cardíacos.

Depois, passamos aos exercícios em foco nesta atividade. Na primeira série de respirações, faremos pequenos movimentos e respirações curtas, inspiraremos, seguraremos o ar por 3 segundos, soltaremos expirando lenta e longamente por 6 segundos, conduzindo as crianças a nos acompanhar. Fazemos esse exercício por 1 minuto, relaxamos, ficamos em silêncio por 2 minutos respirando normalmente e voltamos a repetir mais uma sessão com curtas paradas.

Na rodada seguinte, faremos longas inspirações pelo nariz e sopraremos o ar devagarzinho ao soltá-lo, soprinho a soprinho, controlando sua saída. Primeiro, controlando pelo nariz e pela boca; e depois, apenas pelo nariz. Também faremos esse exercício por aproximadamente 1 ou 2 minutos. Descansamos em silêncio por alguns minutos.

Na terceira rodada, faremos uma sequência de exercícios de oxigenação cerebral da ioga, inspirando pelo nariz forte e rápido e expirando pela boca forte e rápido, por seis vezes (para adultos, 12 vezes). Ao descansar, tampamos a narina esquerda com o dedo indicador, inspiramos pela narina direita, soltamos a narina esquerda e tampamos a direita, e assim por diante, alternando o tampar das narinas ao inspirar e expirar. Fazemos esta respiração por alguns minutos.

Esses exercícios são chamados de Pranayama, técnicas que trabalham especificamente com controle de respiração, oxigenação e energização cerebral e corporal.

Juntos também podemos construir cata-ventos de papel para treinar nossa respiração, soprando a tristeza para bem longe!

Foco Trabalhado: Plena Atenção à Respiração
Outras Percepções: Atenção estática; controle de respiração; autocontrole; concentração; oxigenação cerebral; equilíbrio e energização.

Plena Atenção Interior
Escutando meu coração

Atividade:

Em roda, duplas no chão ou sentados em cadeiras, nos colocamos na posição de meditação.

Num primeiro momento, pedimos para que as crianças fechem seus olhos, coloquem seus corpos na posição de meditação e ficaremos por aproximadamente 2 minutos apenas respirando tranquilamente ou até que elas se aquietem. Um segundo comando é dado, para que coloquem as mãos no seu coração e, com os olhos fechados, passamos a tentar escutar os nossos batimentos cardíacos.

Este exercício requer bastante silêncio e concentração para que consigamos "sentir" e "escutar" nossos corações.

Durante o exercício, pode ser feita uma contagem com as crianças, para que elas observem quantos batimentos conseguem contar, em intervalos de 1 em 1 minuto. A tendência é que os batimentos comecem altos e abaixem aos poucos. Também podemos fazer a atividade em duplas, um escutando o coração do outro e se concentrando nessa batida e nessa contagem. Isso cria um ambiente para a empatia e, metaforicamente, para a capacidade de escutar o outro.

Em meio à meditação, podemos trazer uma fala tranquila, de que o coração é quem dá vida ao nosso corpo, sempre trabalhando. Ao conseguirmos escutá-lo, escutamos a nós mesmos, e exercitamos uma mente que quer ter um coração bondoso, que se tranquiliza, minuto a minuto, quando está atento aos seus batimentos, sensações e emoções.

Foco Trabalhado: Plena Atenção Interior
Outras Percepções: Poder de observação; escuta corporal; capacidade de silenciamento; concentração; empatia.

Esta atividade tem referência no livro O Pequeno Buda, de Tomás de Mello Breyner
(Ed. Penguin Random House: Lisboa, 2016)

Plena Atenção Auditiva
Observando os sons da natureza

Atividade:

Esta é uma atividade que exige um ambiente bastante silencioso, caso não seja feita em meio à natureza. Para isso, criamos um ambiente tranquilo antes de começarmos a ouvir os sons.

Explicamos para as crianças que precisaremos de silêncio e atenção, pois o que estamos treinando nesta aula é uma escuta aguçada, fina, atenta, perceptiva e receptiva.

Na posição de meditação sentada em cadeiras ou no chão, pedimos para que as crianças fechem os olhos e se concentrem nos "sons da natureza" que iniciarão, sem, contudo, verbalizar qual é o som ouvido, guardando essa informação para si neste primeiro momento. Ficaremos por cerca de 3 a 5 minutos em silêncio, escutando os sons.

Uma sequência de sons será executada, passando por sons do mar, de floresta, de chuva, tempestade, cachoeiras, pássaros, animais específicos como golfinhos e baleias, leão, coruja, pato, etc, e outros mais que tivermos em uma lista.

Após esses primeiros minutos em posição de meditação sentada, passaremos a fazer uma pequena caminhada, dando meio passinho de cada vez, em roda, também mantendo a mente em observação nos sons que escutamos.

Por fim, nos deitamos e, de olhos fechados, relaxaremos aos "sons da natureza". Nesta posição, ficamos o máximo de tempo que as crianças conseguirem, ou até que movimentos comecem a ser feitos. Nessa atividade, as crianças conseguem ficar em média por 20 minutos em plena atenção auditiva, sempre com sons da natureza ao fundo.

Terminando, sentamos e batemos um papo sobre os sons que ouvimos. Depois, podemos passar para uma atividade de desenho – que será feita em silêncio, deixando-os livres para desenharem os sons que ouviram.

Foco Trabalhado: Plena Atenção Auditiva
Outras Percepções: Consciência auditiva; capacidade de silenciar; autorregulação; tranquilidade; conexão com a natureza.
Materiais Necessários: Seleção de músicas com sons variados da natureza; papel e lápis de cor.

Plena Atenção com Foco Específico
Técnicas vibracionais

Atividade:

Esta é uma atividade que treina silêncio e observação vibracional no nosso corpo.

Muito conhecido, o "OM" representa o som da terra e, ao mesmo tempo, o infinito, unindo passado, presente e futuro.

Apresentamos o som às crianças. Explicamos que a cada toque do sino enquanto estivermos em meditação, faremos uma grande inspiração e, ao expirarmos, o som do OM acompanhará nossa respiração lenta e longamente, por três vezes, observando a passagem do estado de silêncio para a vibração que o som provoca na nossa mente e no nosso corpo. Aguardar alguns segundos antes de passar de uma vibração para a outra.

Na posição de meditação sentada, iniciamos a atividade com 3 minutos em silêncio, de olhos fechados, a fim de se estabelecer um pouco de tranquilidade e silêncio mental.

Após o 3º minuto, batemos o primeiro sino e orientamos as crianças a inspirarem profundamente e fazemos o som do OM junto com elas, em três sequências. Depois, de 1 em 1 minuto, bateremos o sino e continuaremos repetindo a sequência de OM por mais três vezes.

Podemos reforçar o exercício do OM com os sons vibracionais das letras:

Inspiramos e expiramos um longo "A", letra que limpa os nossos pulmões;
Inspiramos e expiramos um longo "E", letra que faz vibrar o nosso pescoço;
Inspiramos e expiramos um longo "I", letra que dá vida à nossa cabeça;
Inspiramos e expiramos um longo "O", letra que fortalece o nosso coração;
Inspiramos e expiramos um longo "U", letra que ressoa a nossa barriga.

Dependendo do ritmo da criança, essa meditação pode ser feita até se chegar aos 12 minutos. Nos 2 minutos finais, ficamos em silêncio, apenas observando essa passagem das sensações.

Foco Trabalhado: Plena Atenção com Foco
Outras Percepções: Capacidade de autorregulação; observação de estados mentais e corporais; concentração.

Esta atividade tem referência no livro Respira, de Inês Castel Branco
(São Paulo: Telos Editora, 2019)

Plena Atenção em Movimento
Ioga silenciosa

Atividade:

Nesta atividade, faremos, em silêncio, a sequência da Ioga dos Animais e/ou Ioga da Natureza, que tem sua descrição no livro do Crescendo Zen, volume 1.

Uma a uma, passaremos calmamente por todas as posições da sequência escolhida e permaneceremos por três respirações em cada uma delas, apenas fazendo os movimentos, em silêncio.

Também podemos propor um desafio de memória às crianças, mostrando o ásana para que elas se lembrem qual é aquele animal ou elemento, se tornando o "mestre" da atividade.

Ao fim, podemos nos deitar e, com uma música tranquila, apenas relaxar, observando nosso corpo ir se tranquilizando aos poucos, após os movimentos.

Foco Trabalhado: Plena Atenção em Movimento
Outras Percepções: Capacidade de silenciamento; capacidade de autorregulação; equilíbrio; memória; concentração.

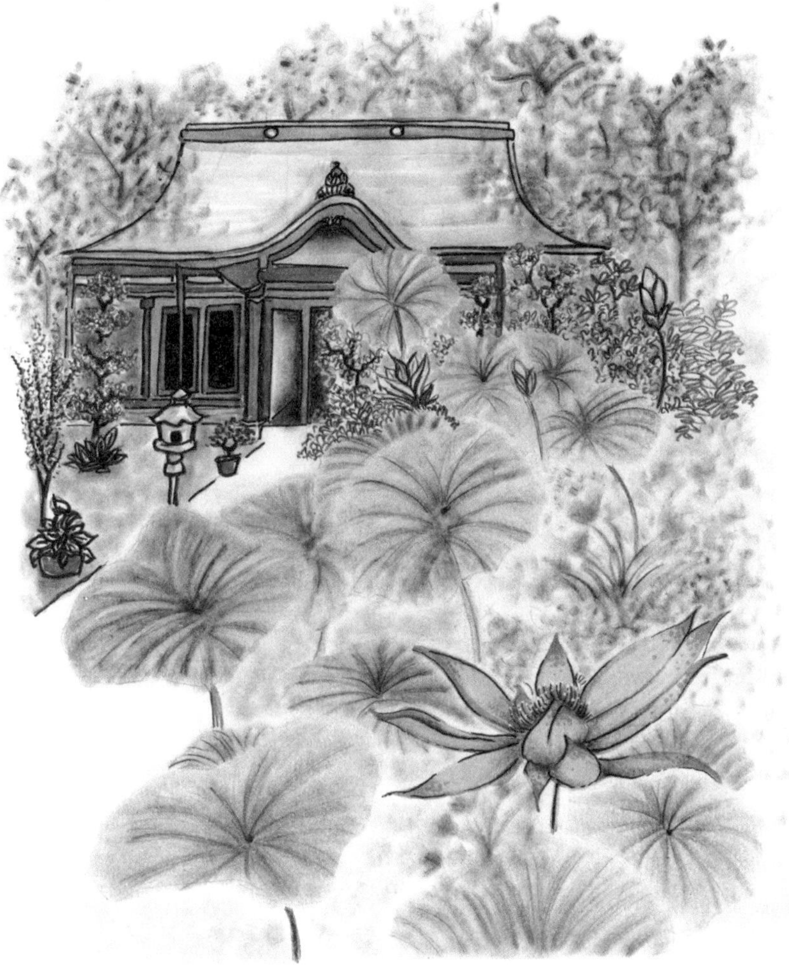

Plena Atenção às Emoções
Enxergando nossas emoções

Atividade:

Num bate-papo com as crianças, conversamos sobre nossos diversos sentimentos e emoções dando ênfase ao momento presente, e em como a meditação pode nos ajudar a lidar melhor com todos eles em todas as situações. Pode-se usar um livro ou emocionário para abordar algumas emoções específicas, como raiva, ansiedade, alegria e felicidade, gratidão etc.

Leremos os livros com as crianças, deixando que elas se expressem, ou não, sobre cada sentimento abordado, e, neste primeiro momento, podemos fazer as mímicas faciais de cada emoção, como numa grande brincadeira, a fim de que elas reconheçam seus estados.

Após todos os sentimentos terem sido abordados, passaremos a desenhá-los, um a um, deixando as crianças livres para se expressarem. Ao longo do ano, sugiro que elas façam uma "agendinha das emoções", escrevendo dia a dia ou semana a semana como estão se sentindo – este é um bom exercício de observação sobre si mesmo e reconhecimento de estados mentais e emocionais.

Após a atividade, podemos ficar juntos de mãos dadas por alguns minutos, e a instrução de que devemos mentalizar apenas sentimentos bons, alegres e felizes é dada, pois vamos "passar" os nossos pensamentos um para o outro pelo contato das nossas mãos.

Foco Trabalhado: Plena Atenção às Emoções
Outras Percepções: Inteligência emocional; concentração; imaginação; capacidade de olhar para si mesmo.
Materiais Necessários: Livros sobre emoções. Lápis e papel.

Plena Atenção Corporal
Meditando em sincronicidade

Atividade:

Esta atividade é feita em dupla. Sentados, e após alguns minutos iniciais respirando conscientemente sozinhos, colocaremos as nossas costas encostadas com as costas da outra pessoa, de forma que a coluna permaneça reta, cabeça alinhada, pernas cruzadas à frente, mãos repousadas sobre as coxas, na posição de meditação.

Tentaremos sentir o ritmo de respiração do nosso amigo, por meio do contato de costas com costas, e seguiremos respirando juntos, num mesmo ritmo por alguns minutos, em silêncio e observação.

Esta atividade treina sensibilidade e percepção em níveis profundos, e é preciso muito silêncio e concentração para que o exercício seja percebido.

Ao fim, podemos usar bolinhas de massagem e fazer uma massagem no outro e receber massagem, praticando cuidado amoroso com os outros!

Foco Trabalhado: Plena Atenção Corporal
Outras Percepções: Concentração; sensibilidade; toque; cuidado amoroso.
Materiais Necessários: Bolinhas de massagem.

*Esta atividade tem referência no livro O Pequeno Buda, de Tomás de Mello Breyner
(Ed. Penguin Random House: Lisboa, 2016)*

Plena Atenção Sistêmica
Enviando amor e bondade

Atividade:

Nesta atividade, criamos percepção mental para a ampliação da noção de compaixão.

Começamos com alguns minutos de meditação em silêncio, apenas respirando a fim de tranquilizar a mente. Após esses minutos iniciais, com os olhos fechados, numa meditação guiada, começamos a mentalizar desejos de que todos os seres sejam felizes, começando por nós mesmos, passando para nossa família, nossos amigos, escola, bairro, cidade, estado, país, países, mundo, oceanos, florestas, animais, céu, planetas.

> "Que eu seja feliz.
> Que a minha família seja feliz.
> Que os meus amigos sejam felizes.
> Que os colegas da minha escola sejam felizes.
> Que as pessoas do meu bairro sejam felizes.
> Que as pessoas da minha cidade sejam felizes.
> Que as pessoas do meu país sejam felizes.
> Que as pessoas do mundo todo sejam felizes.
> Que todos os seres dos oceanos, florestas, céu e universo sejam felizes."

Essas frases são repetidas em voz alta e, a cada frase verbalizada, respiramos profundamente antes de passar para a próxima, de modo que tenhamos um espaço de tempo para refletir sobre o que estamos desejando.

Podemos finalizar fazendo o trabalho das "Bandeirinhas Amorosas" (livro Crescendo Zen, volume 1), passando toda essa sensibilidade para o papel, pendurando-as em um local onde o vento bata e leve todos os nossos melhores desejos para todos os cantos do planeta!

Foco Trabalhado: Plena Atenção Sistêmica
Outras Percepções: Sensibilidade amorosa, ampliação e noções de compaixão, ampliação de consciência coletiva, interconexão.

As incomensuráveis

Que todas as pessoas encontrem
a felicidade livre de obstáculos!

Que todas as pessoas sejam capazes de reconhecer
as sementes de alegria por elas mesmas!

Que todas as pessoas possam viver em equanimidade,
livres de agressões e de preconceitos!

Que todas as pessoas superem o sofrimento!

Que todas as pessoas encontrem
as verdadeiras causas da felicidade!

Que todas as pessoas sejam
capazes de ajudar a todos os seres!

Que todas as pessoas encontrem nisso
sua fonte de alegria e energia!

Que todas as pessoas sejam
plenamente felizes e amadas!

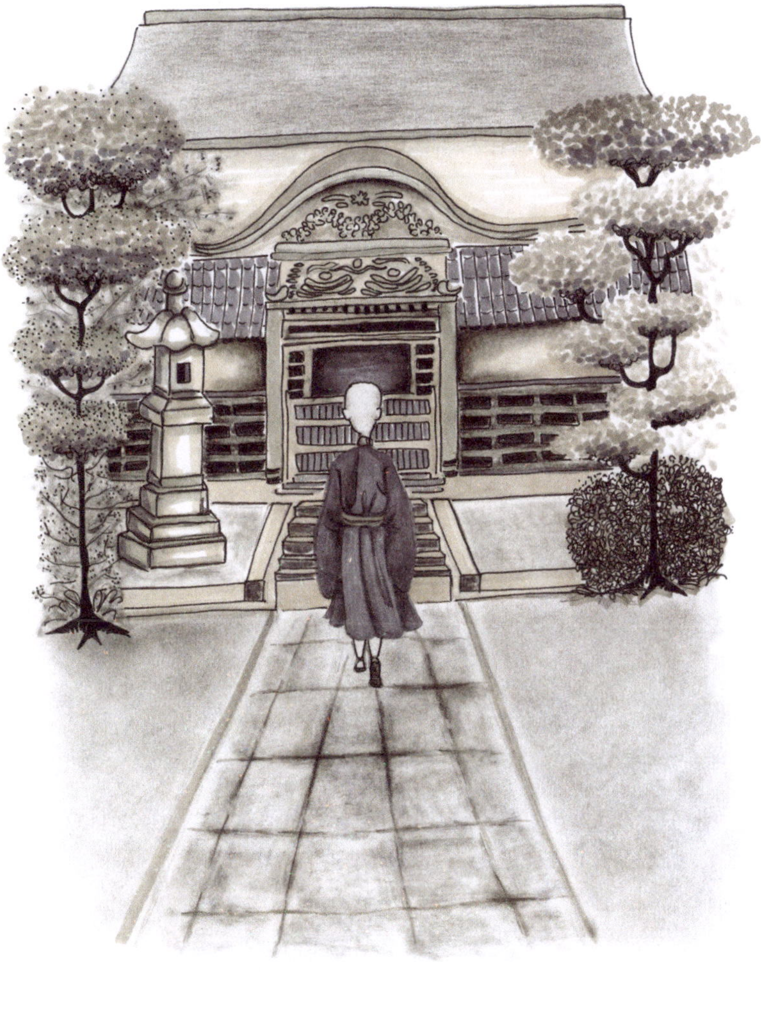

Como o pequeno riacho

Fazendo seu caminho

Através das fendas cobertas de musgo

Eu também, calmamente,

Torno-me claro e transparente.

Ryōkan, Monge Zen, Séc. XVIII-XIX

O que movimenta
o mundo
são os movimentos
que nele fazemos

SECULT
Secretaria de
Estado de
Cultura

GOIÁS
GOVERNO DO ESTADO

SECRETARIA ESPECIAL DA **CULTURA**

MINISTÉRIO DO **TURISMO**

PÁTRIA AMADA **BRASIL**
GOVERNO FEDERAL

Este projeto foi contemplado pelo Edital de
Letras Aldir Blanc – Concurso nº 13/2021 – SECULT-GOIÁS
Secretaria de Cultura - Governo Federal